This Coloring Book Belongs to:

_____

Copyright 2020 KAV Coloring Books
Kimberly A Vollmer - Artist/Designer

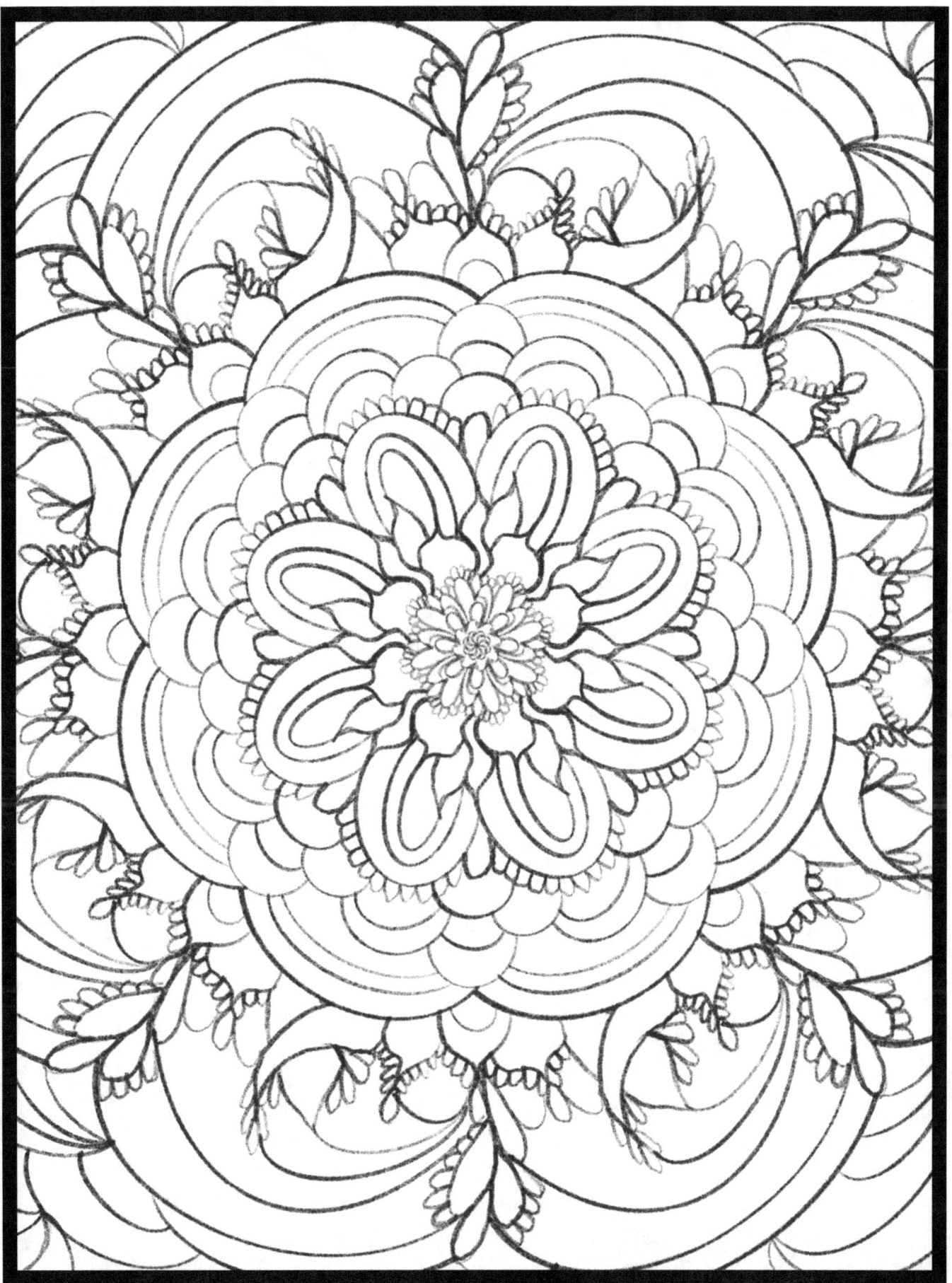

Thoughts...

- [ ]
- [ ]
- [ ]
- [ ]

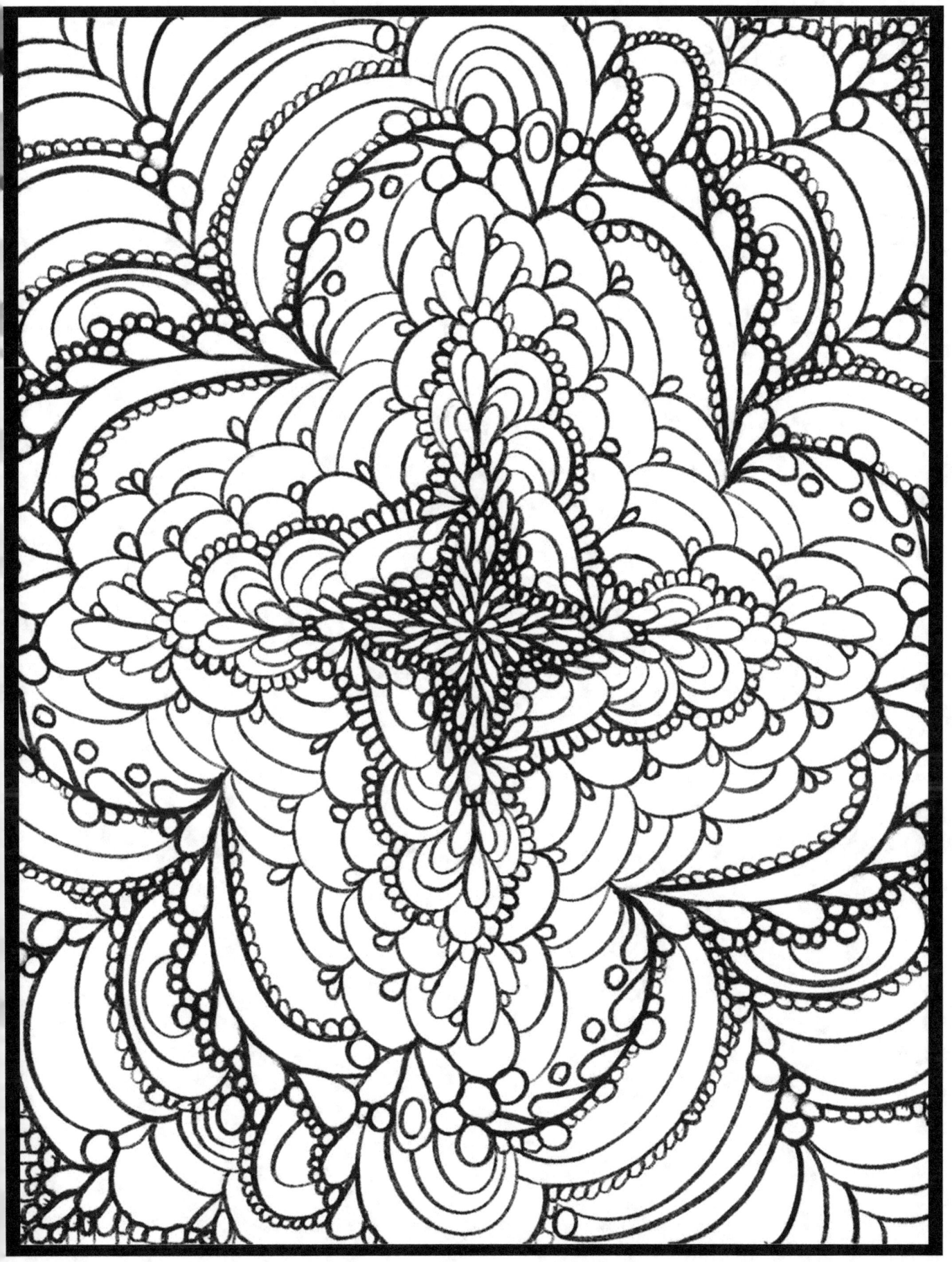

Thoughts...
- ☐
- ☐
- ☐
- ☐

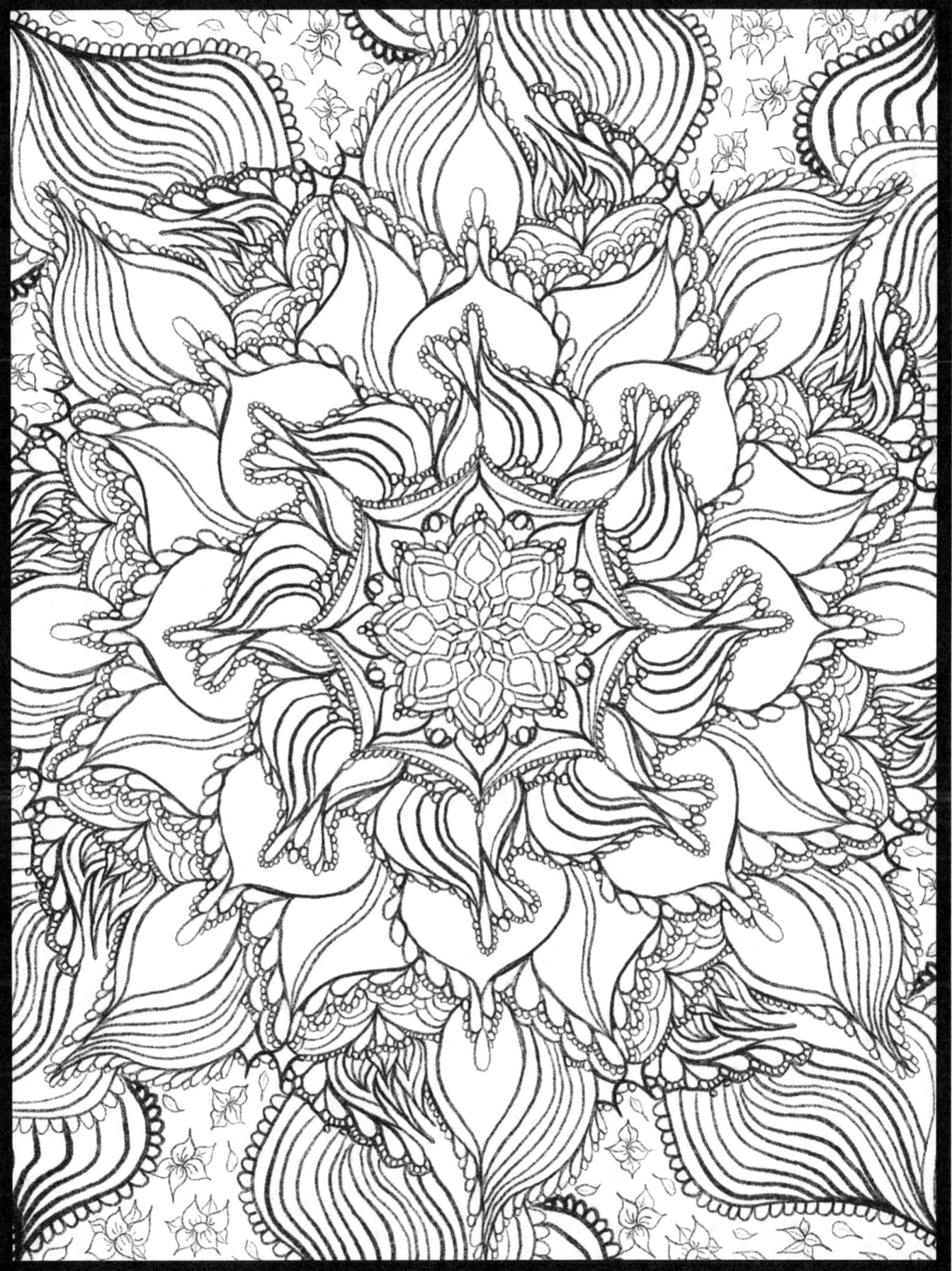

Thoughts...
- [ ]
- [ ]
- [ ]
- [ ]

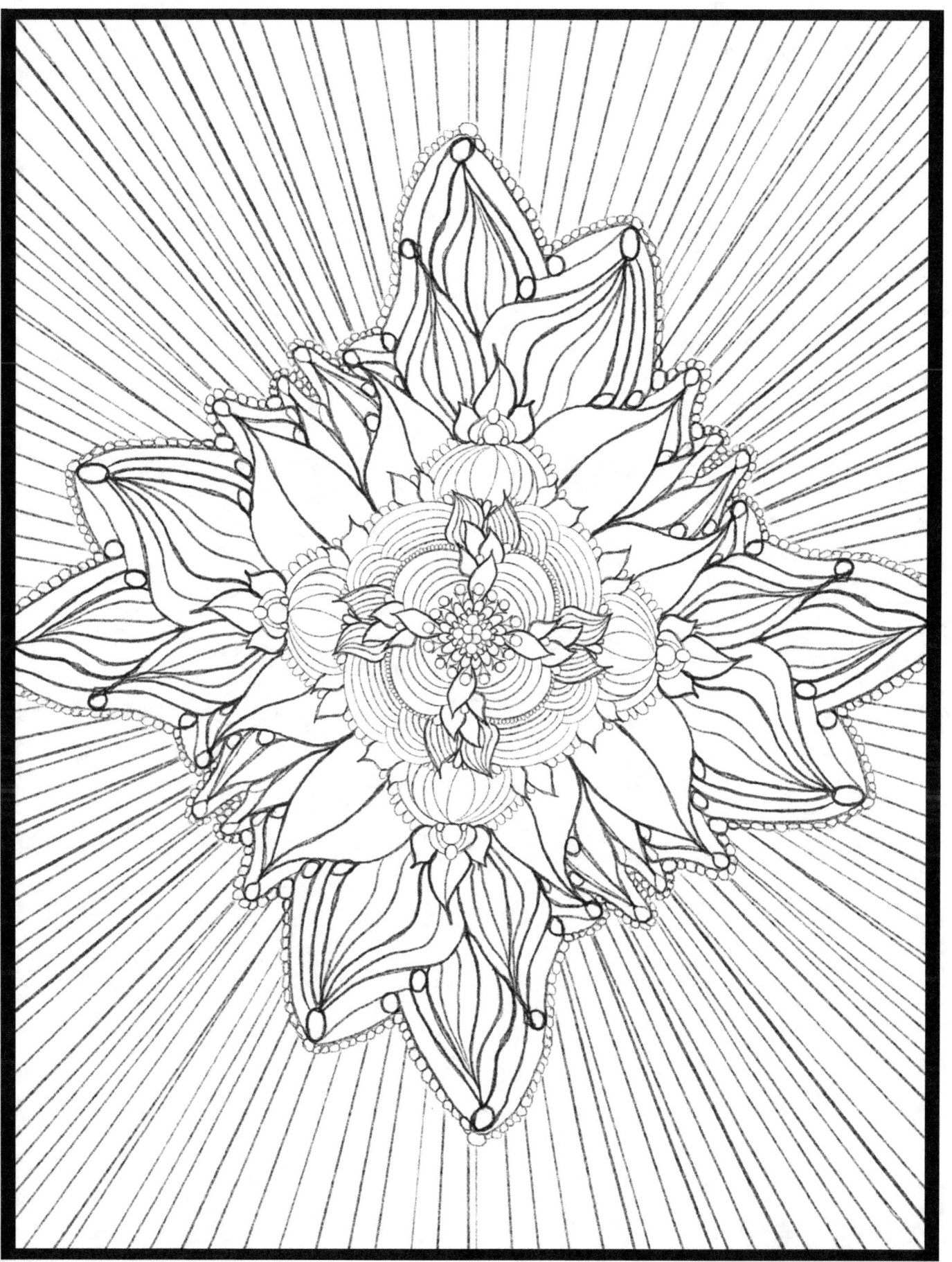

Thoughts...

- [ ]
- [ ]
- [ ]
- [ ]

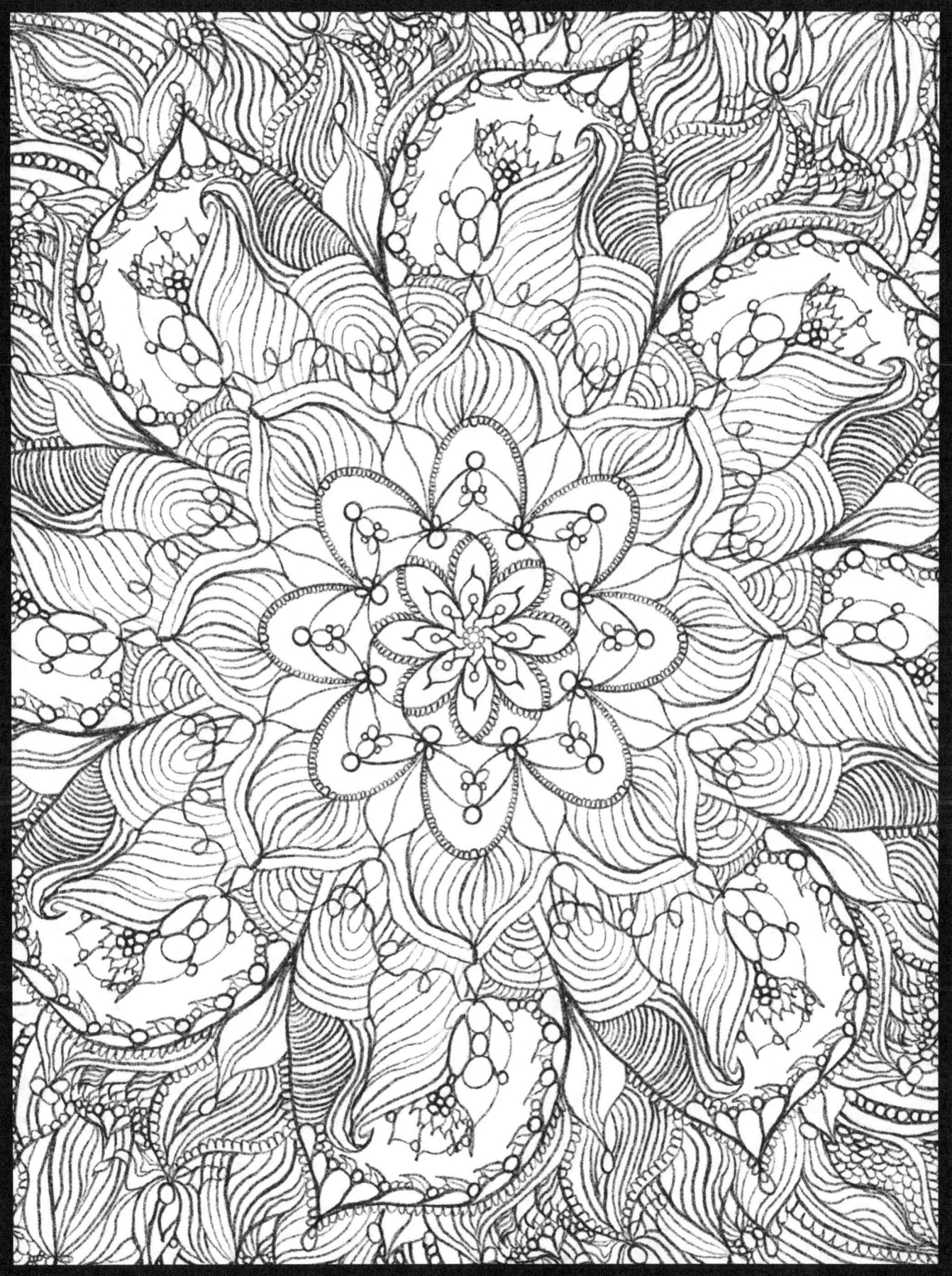

Thoughts...

- ☐
- ☐
- ☐
- ☐

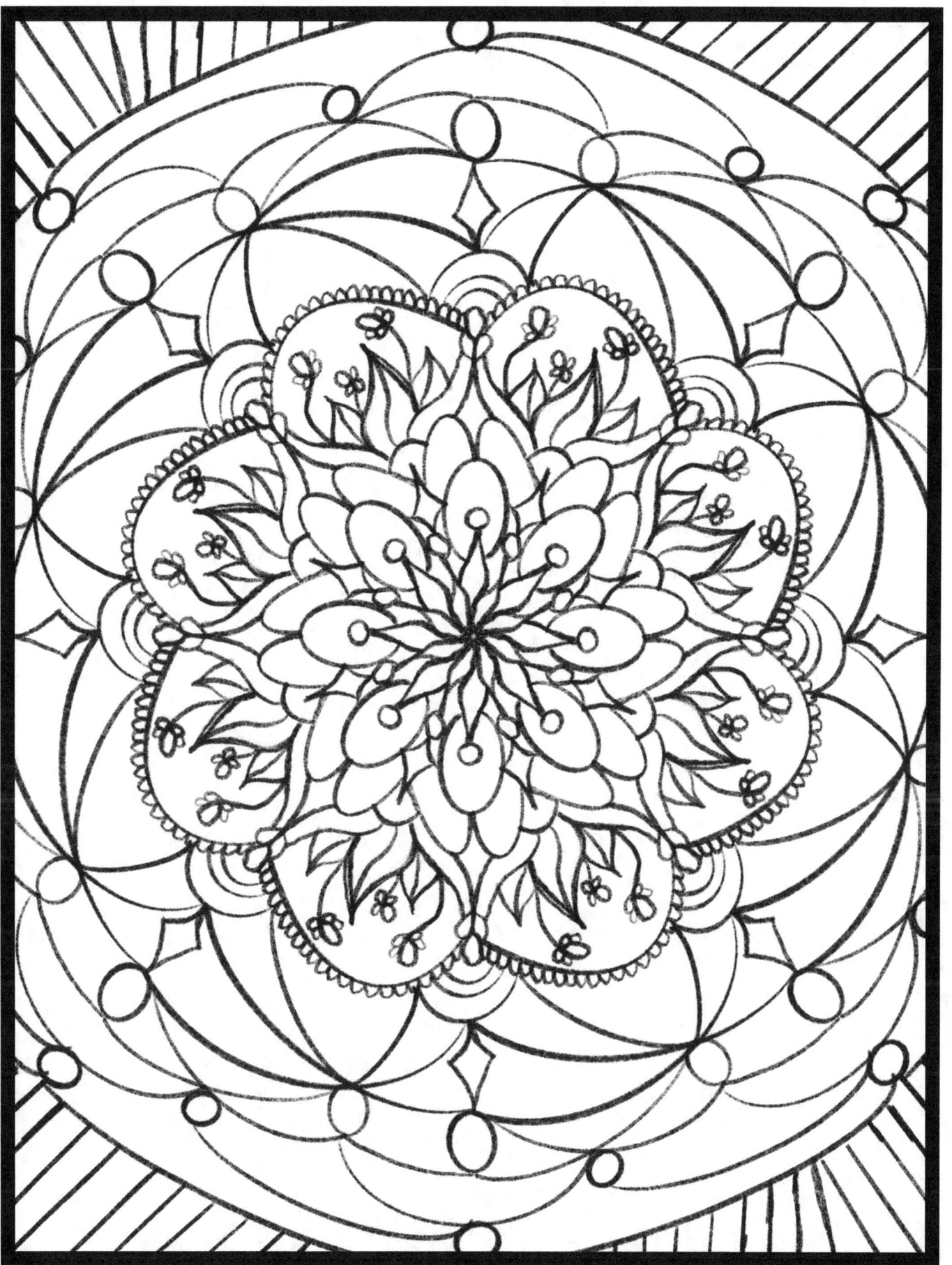

Thoughts...

- [ ]
- [ ]
- [ ]
- [ ]

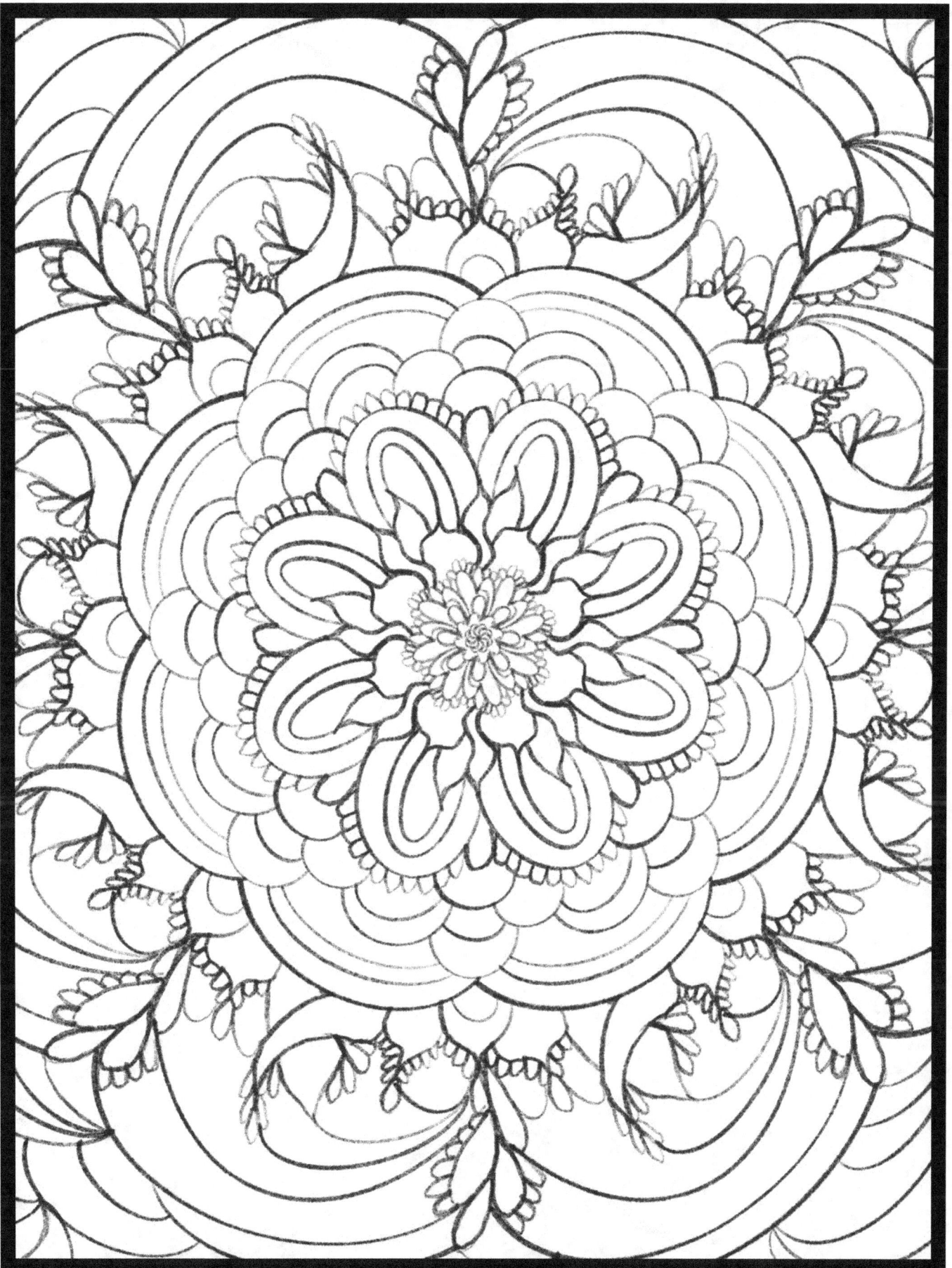

Thoughts...

- ☐
- ☐
- ☐
- ☐

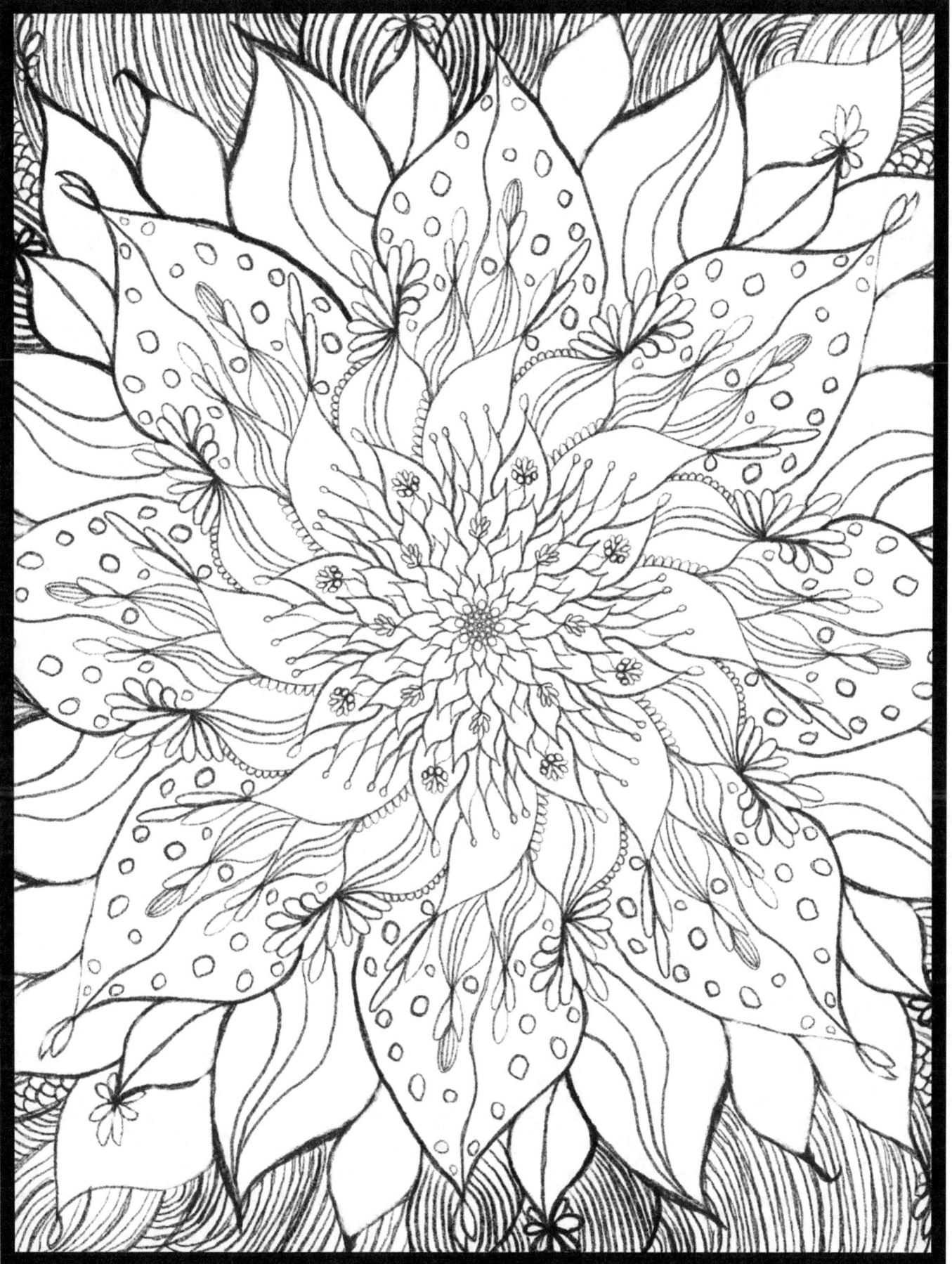

Thoughts...

☐
☐
☐
☐

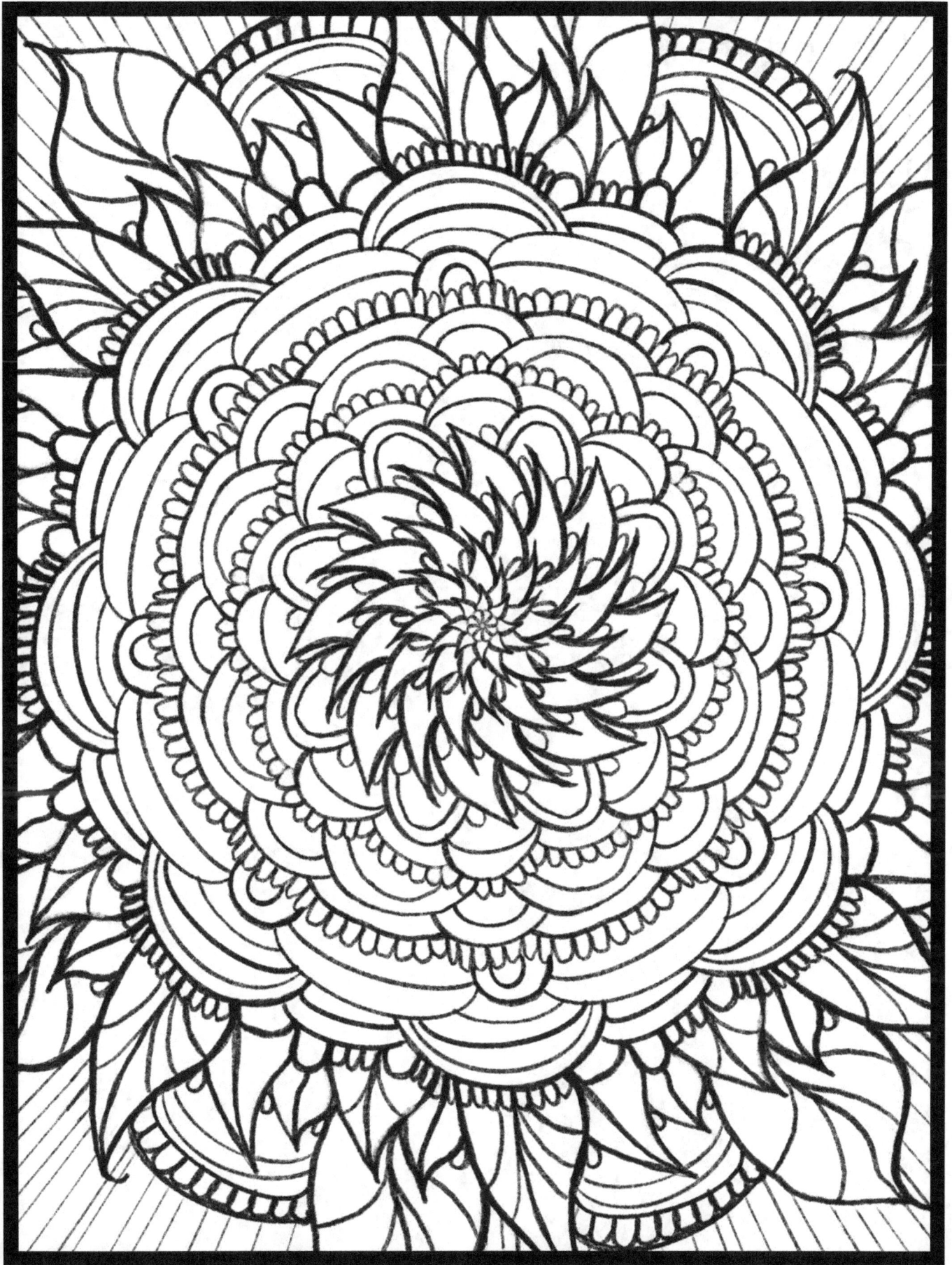

Thoughts...

- [ ]
- [ ]
- [ ]
- [ ]

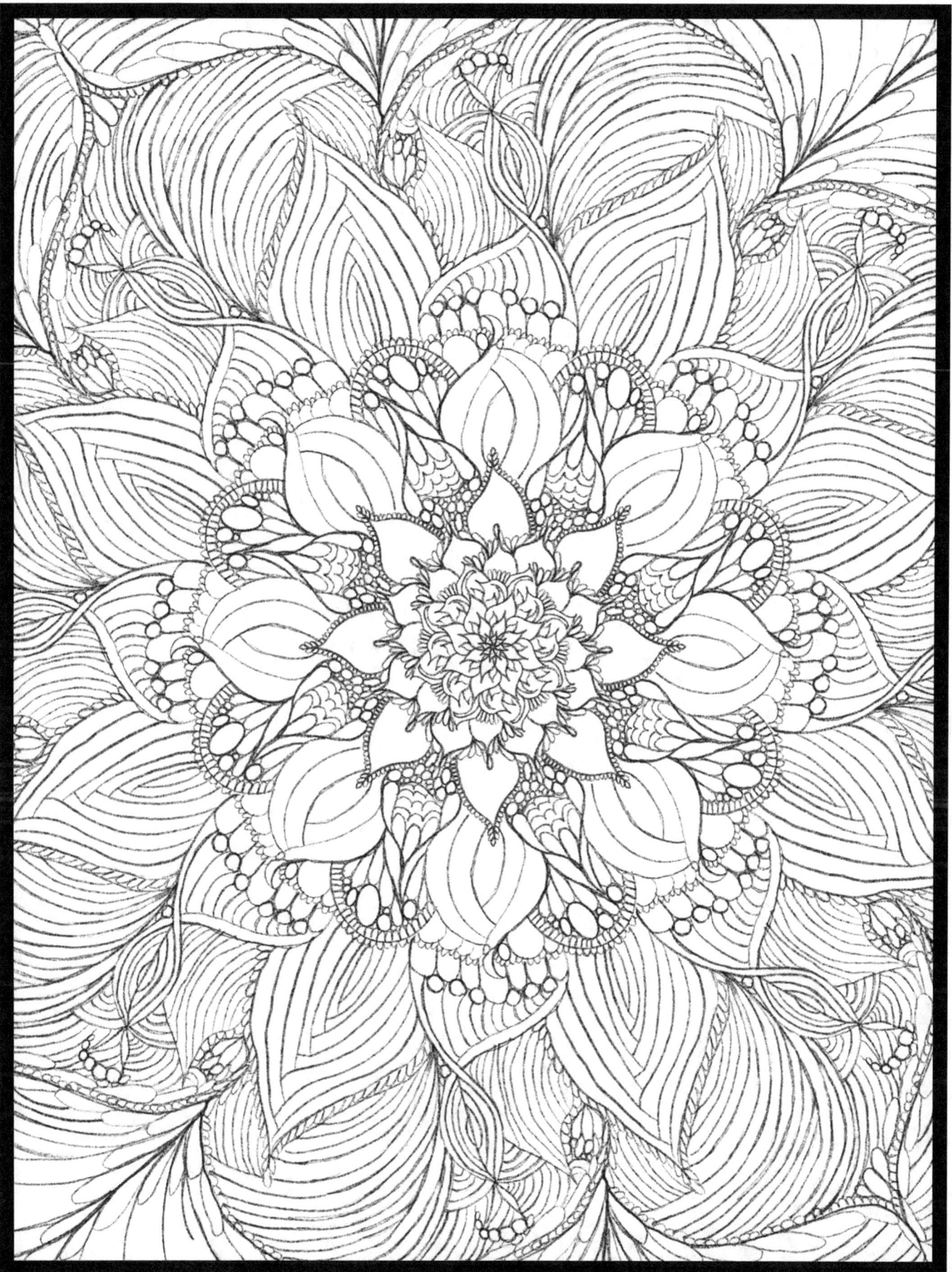

Thoughts...
- [ ]
- [ ]
- [ ]
- [ ]

Thoughts...

☐
☐
☐
☐

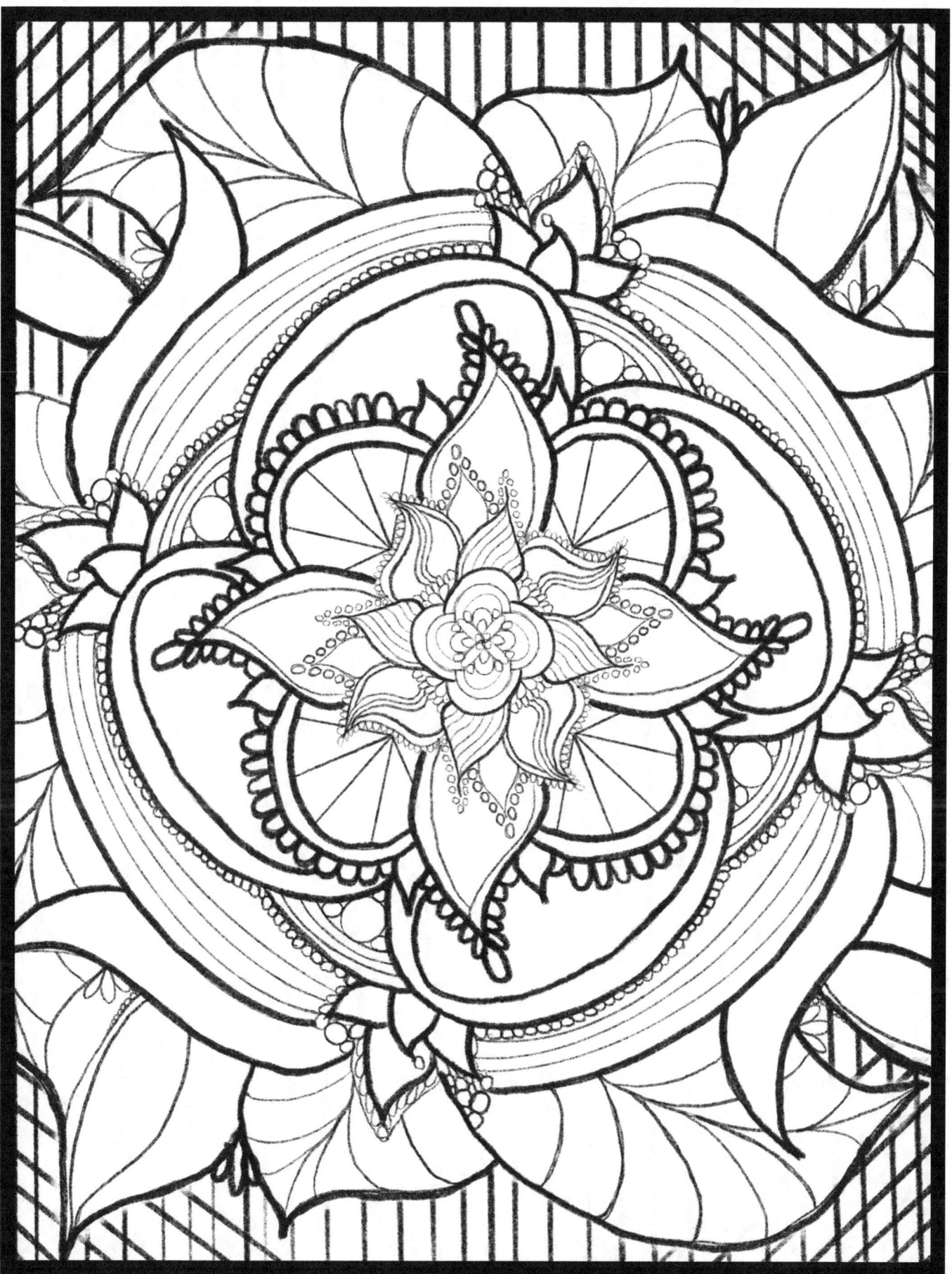

Thoughts...

☐
☐
☐
☐

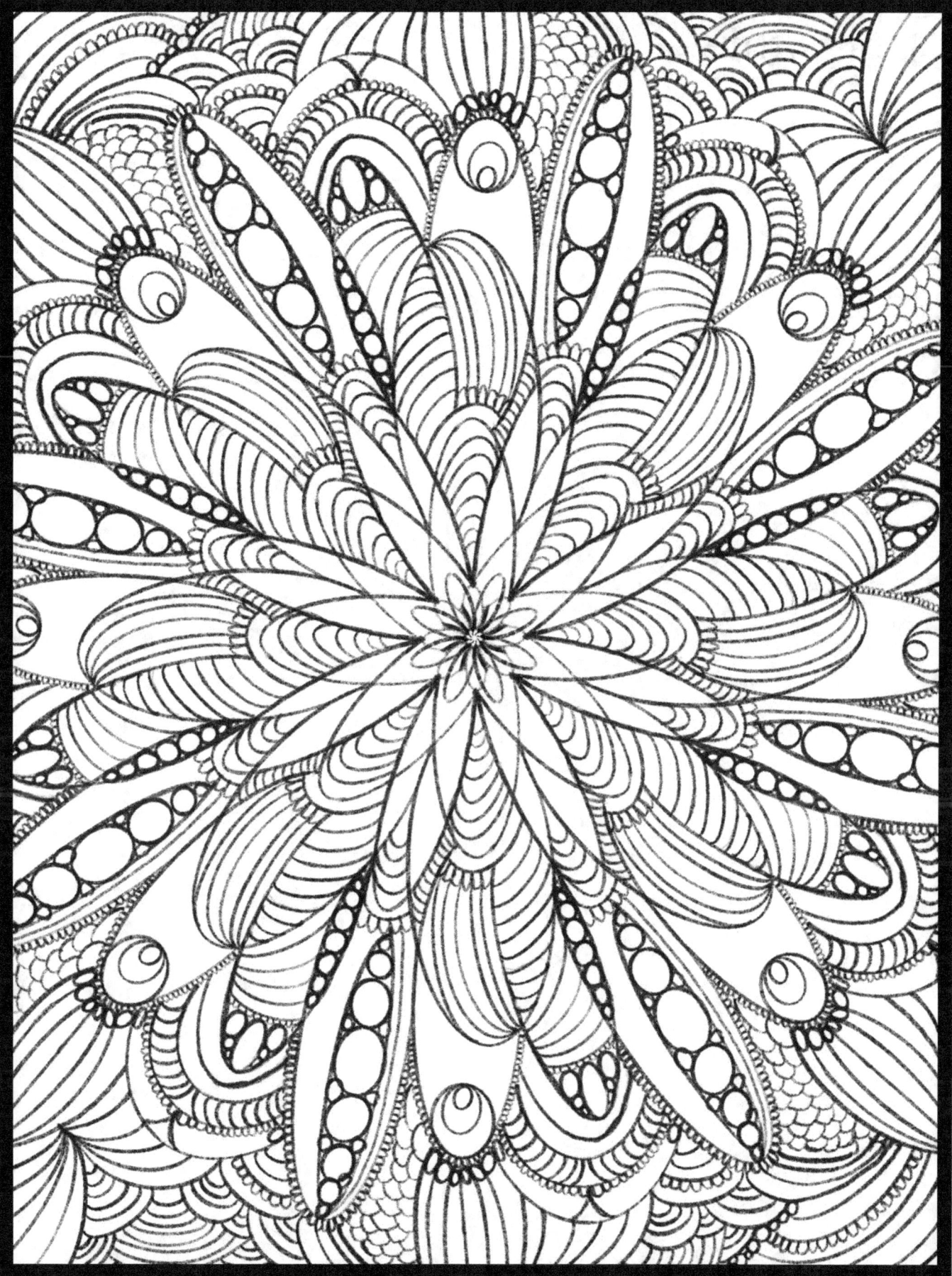

Thoughts...

- [ ]
- [ ]
- [ ]
- [ ]

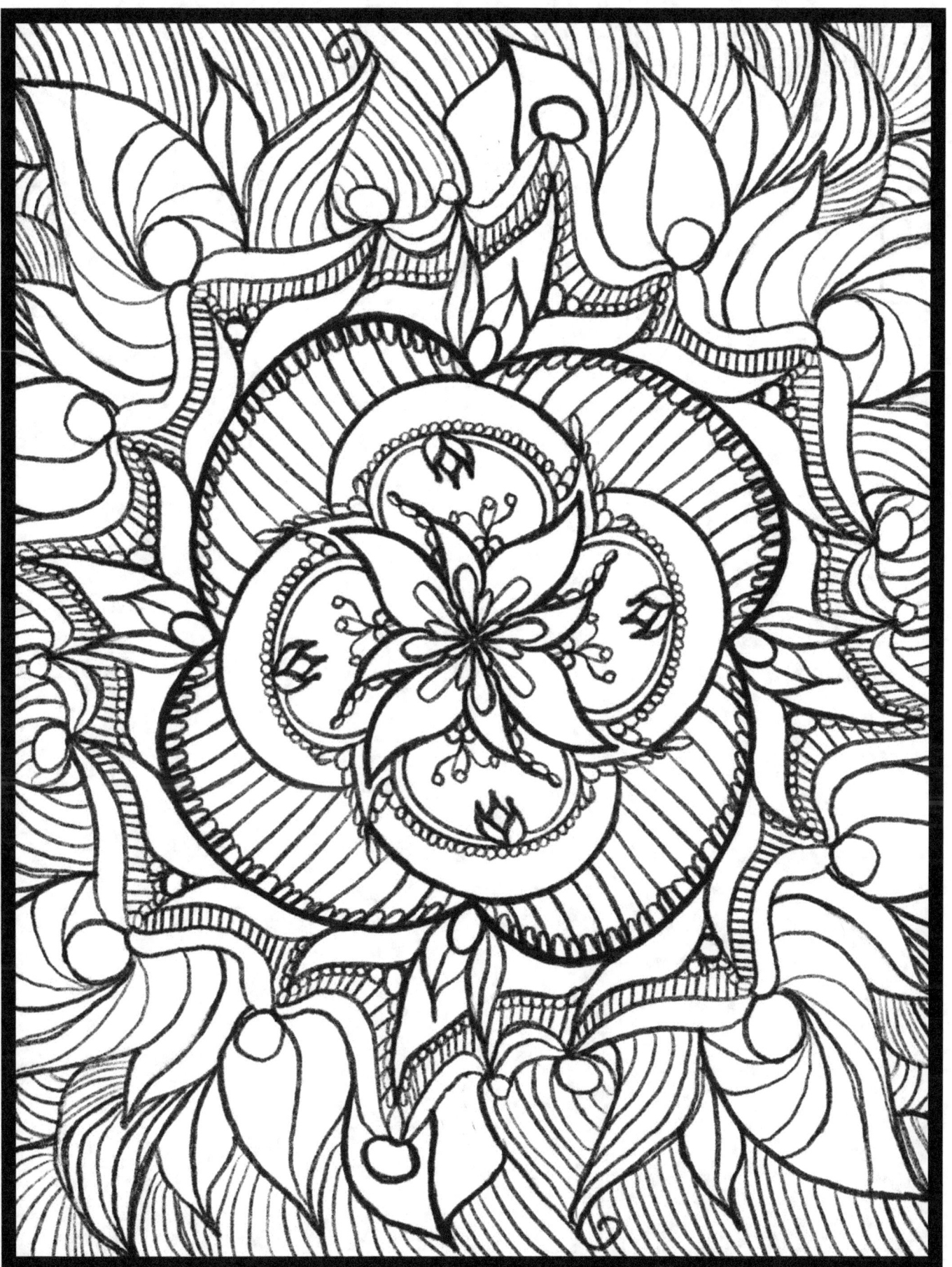

Thoughts...

- [ ]
- [ ]
- [ ]
- [ ]

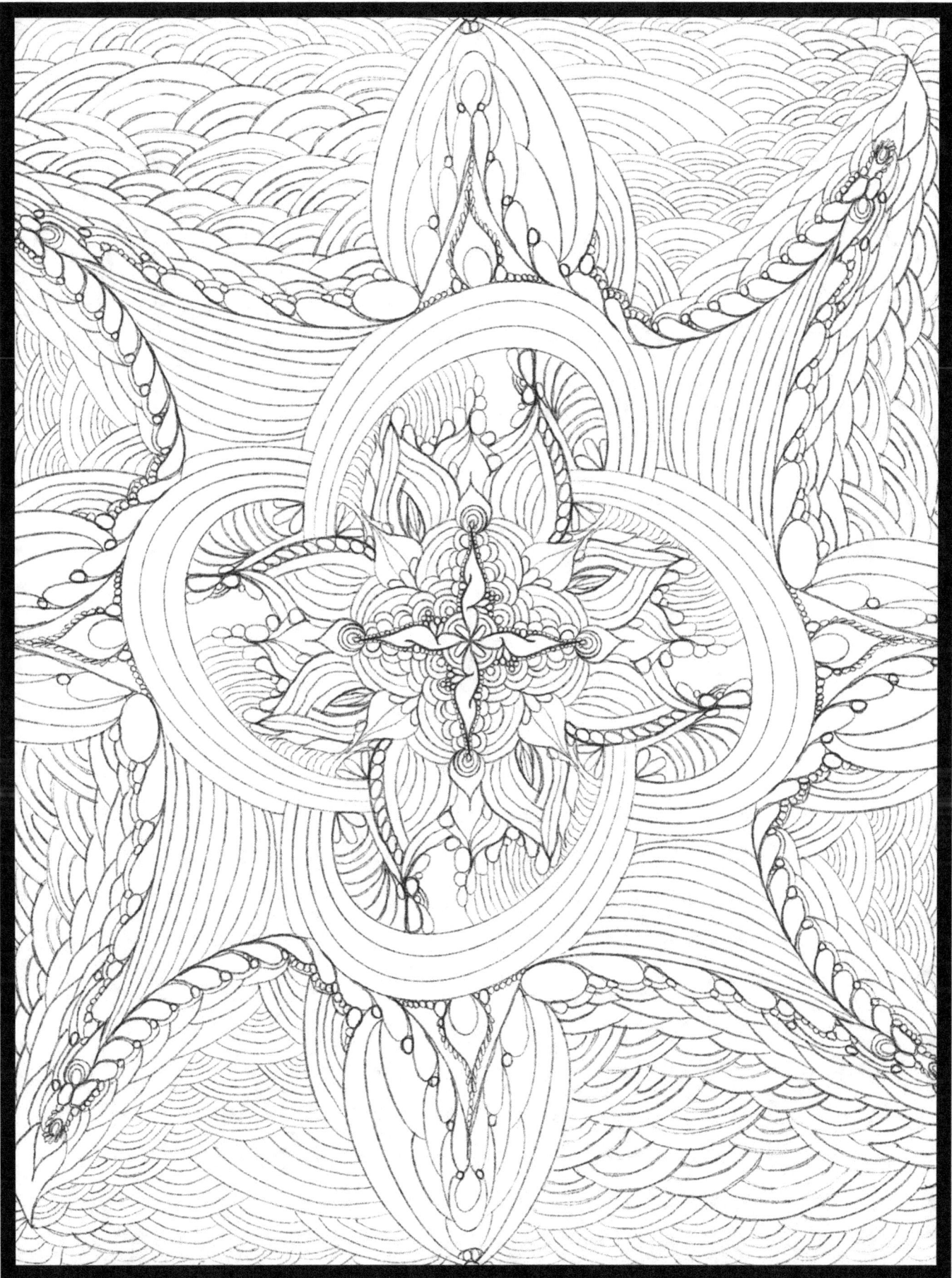

Thoughts...

- [ ]
- [ ]
- [ ]
- [ ]

Thoughts...

- ☐
- ☐
- ☐
- ☐

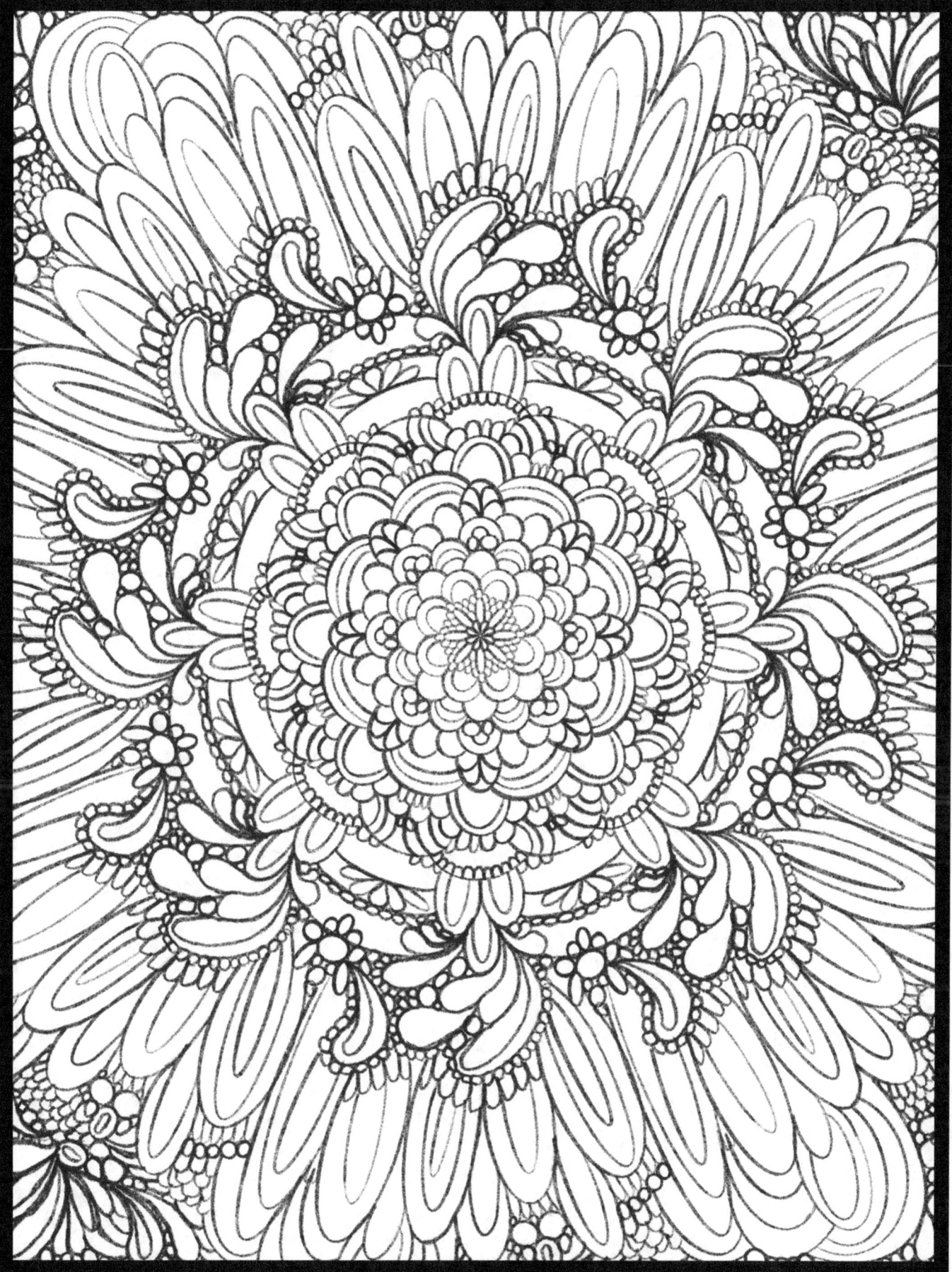

Thoughts...

- [ ]
- [ ]
- [ ]
- [ ]

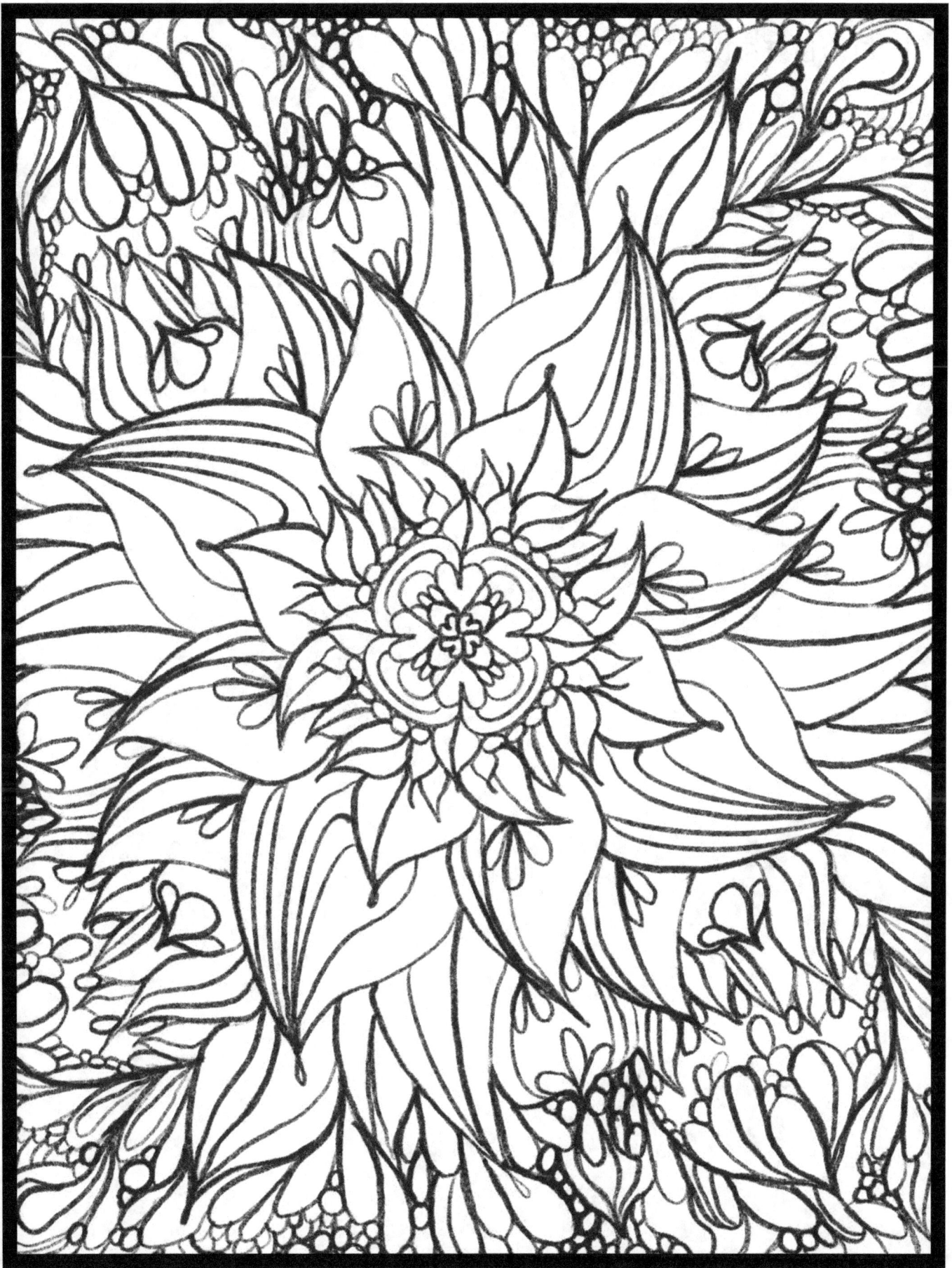

Thoughts...

- ☐
- ☐
- ☐
- ☐

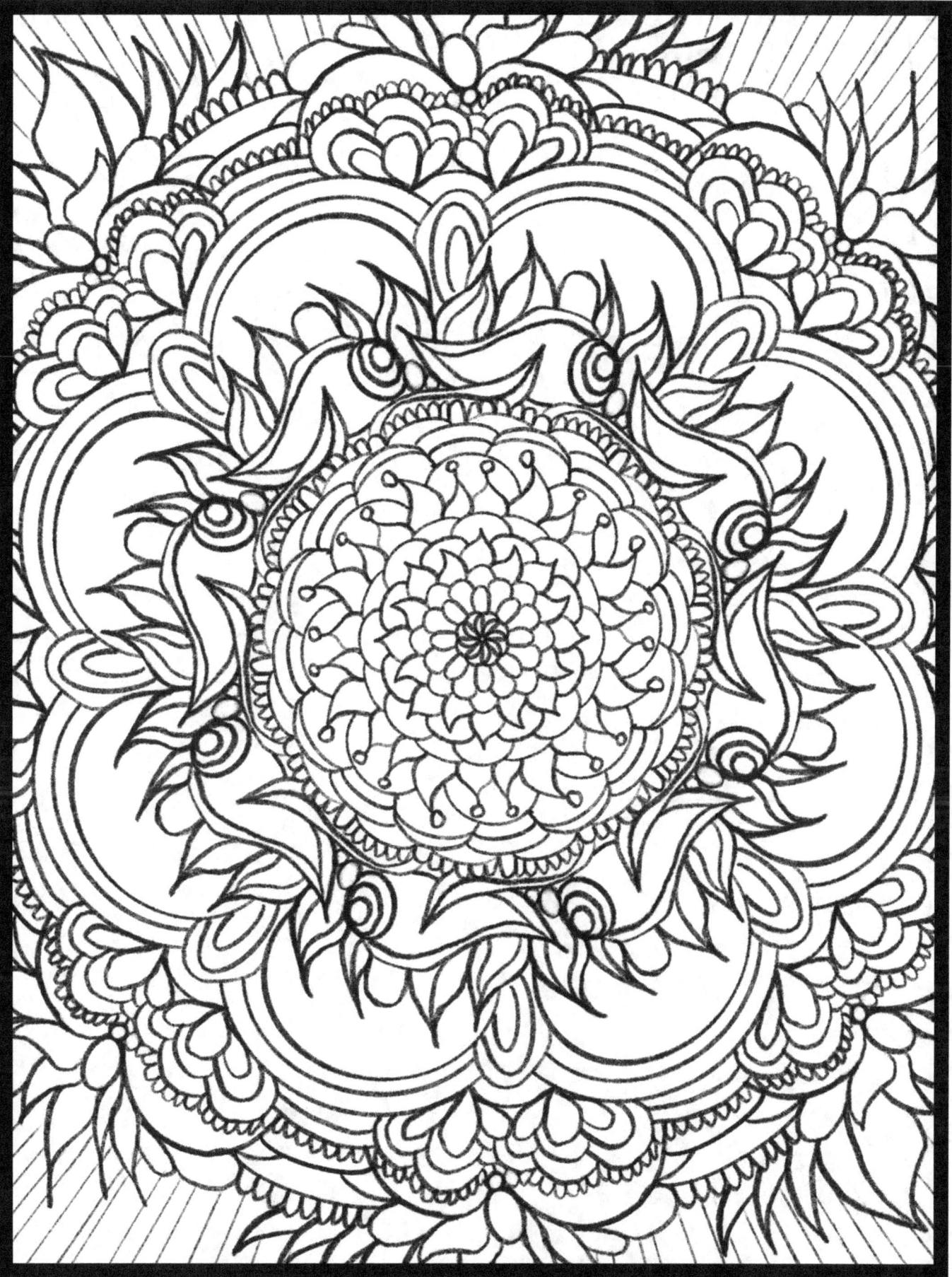

Thoughts...

- [ ]
- [ ]
- [ ]
- [ ]

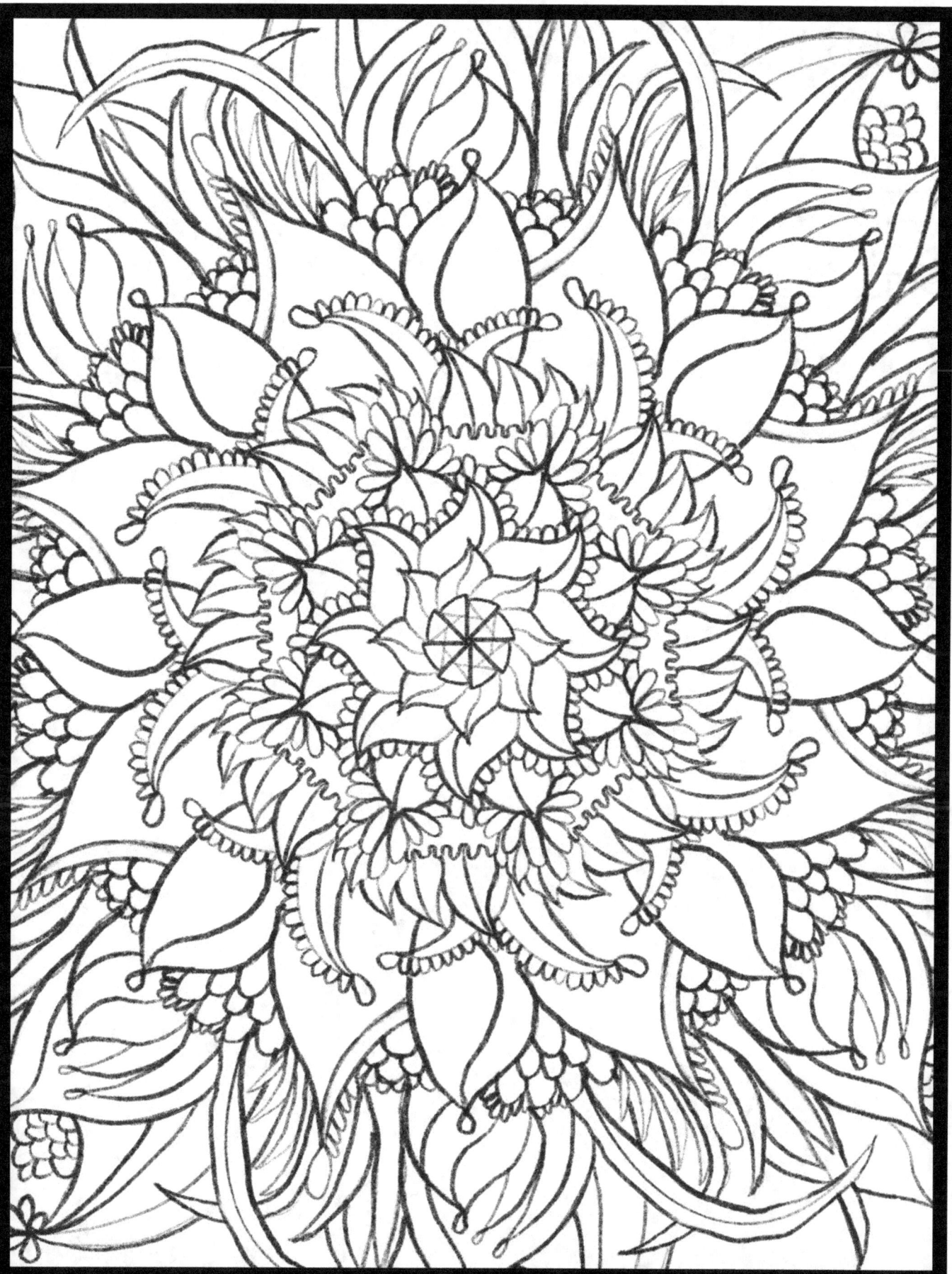

Thoughts...

- [ ]
- [ ]
- [ ]
- [ ]

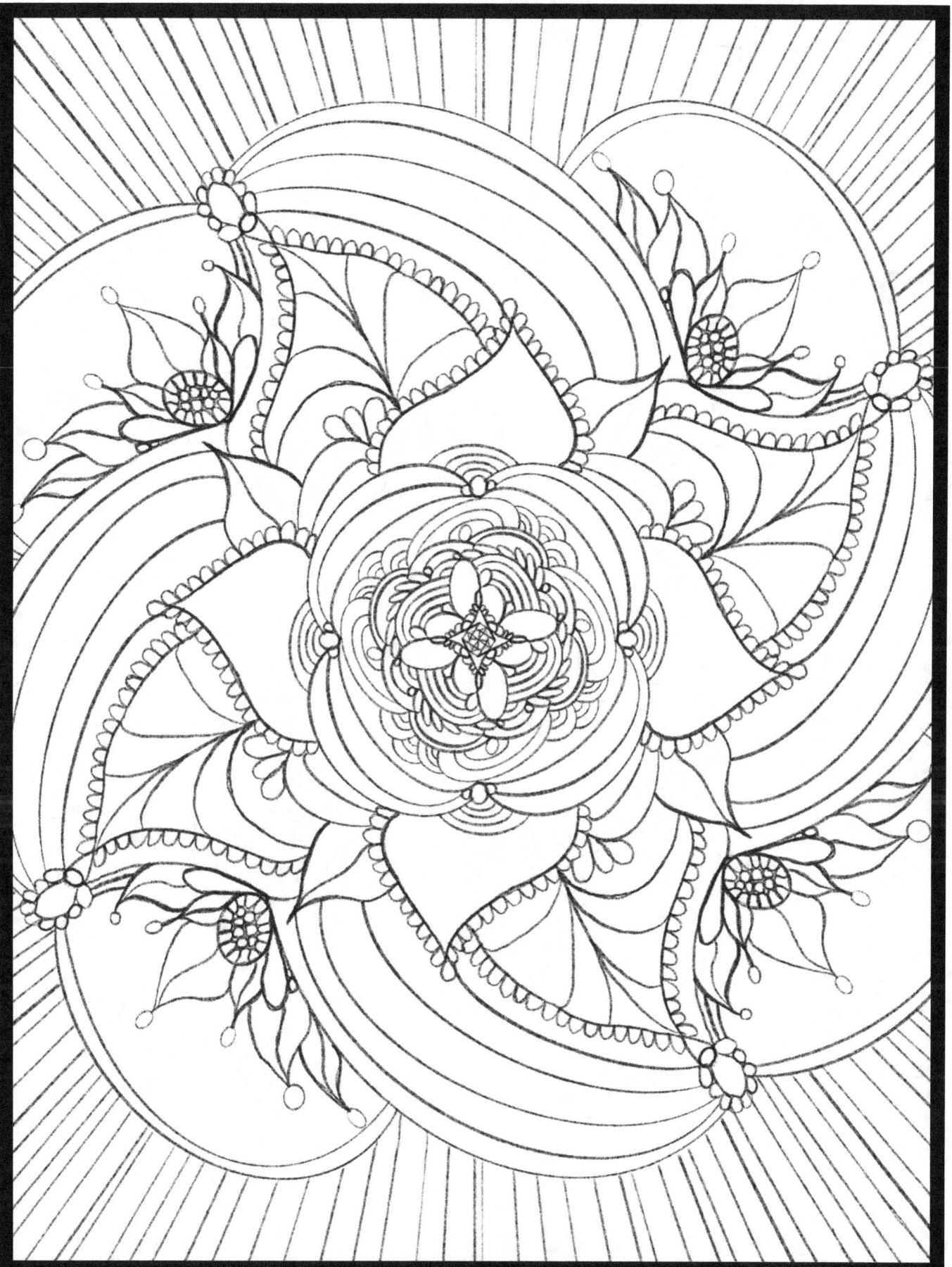

Thoughts...

- ☐
- ☐
- ☐
- ☐

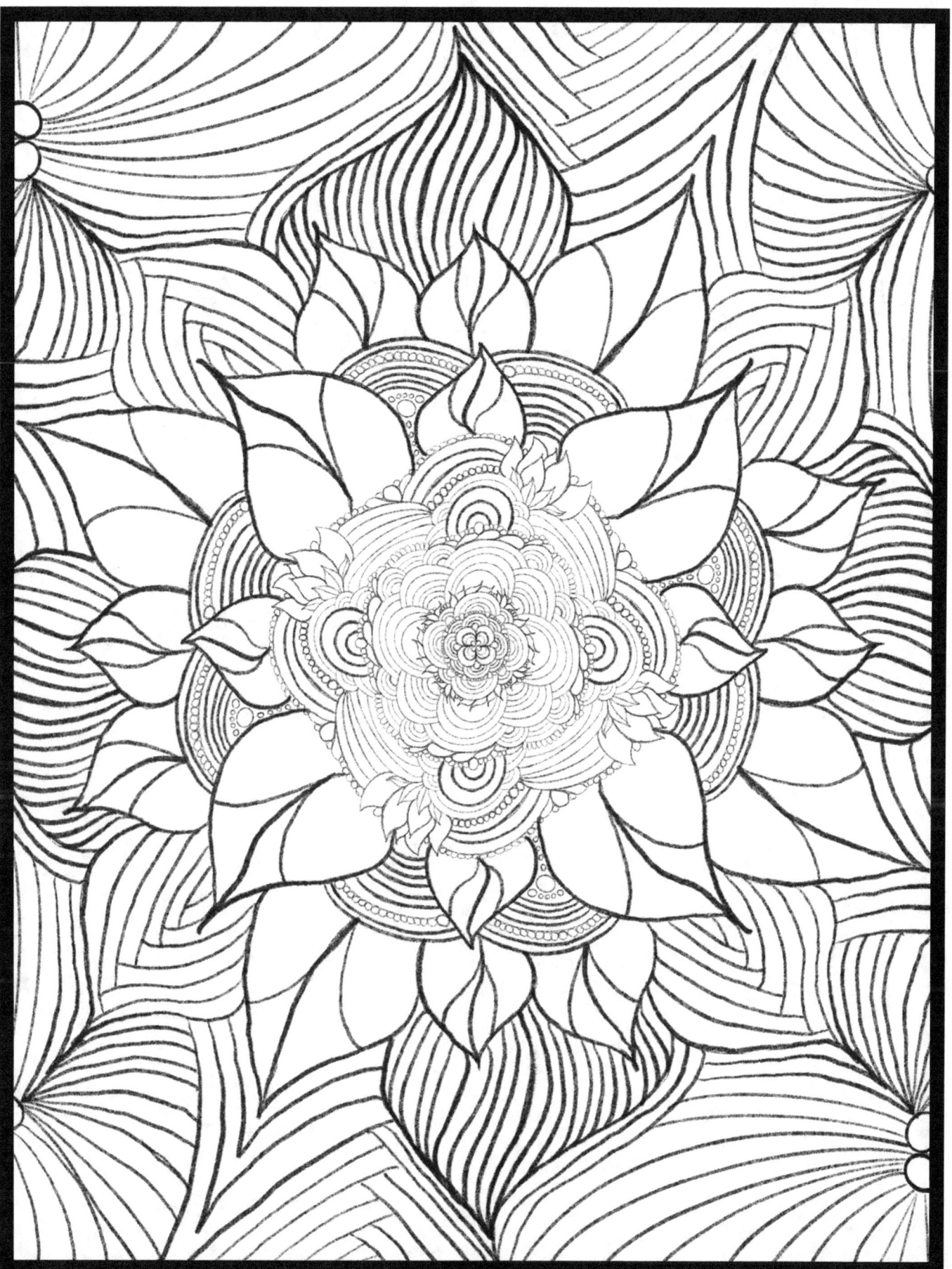

Thoughts...

- ☐
- ☐
- ☐
- ☐

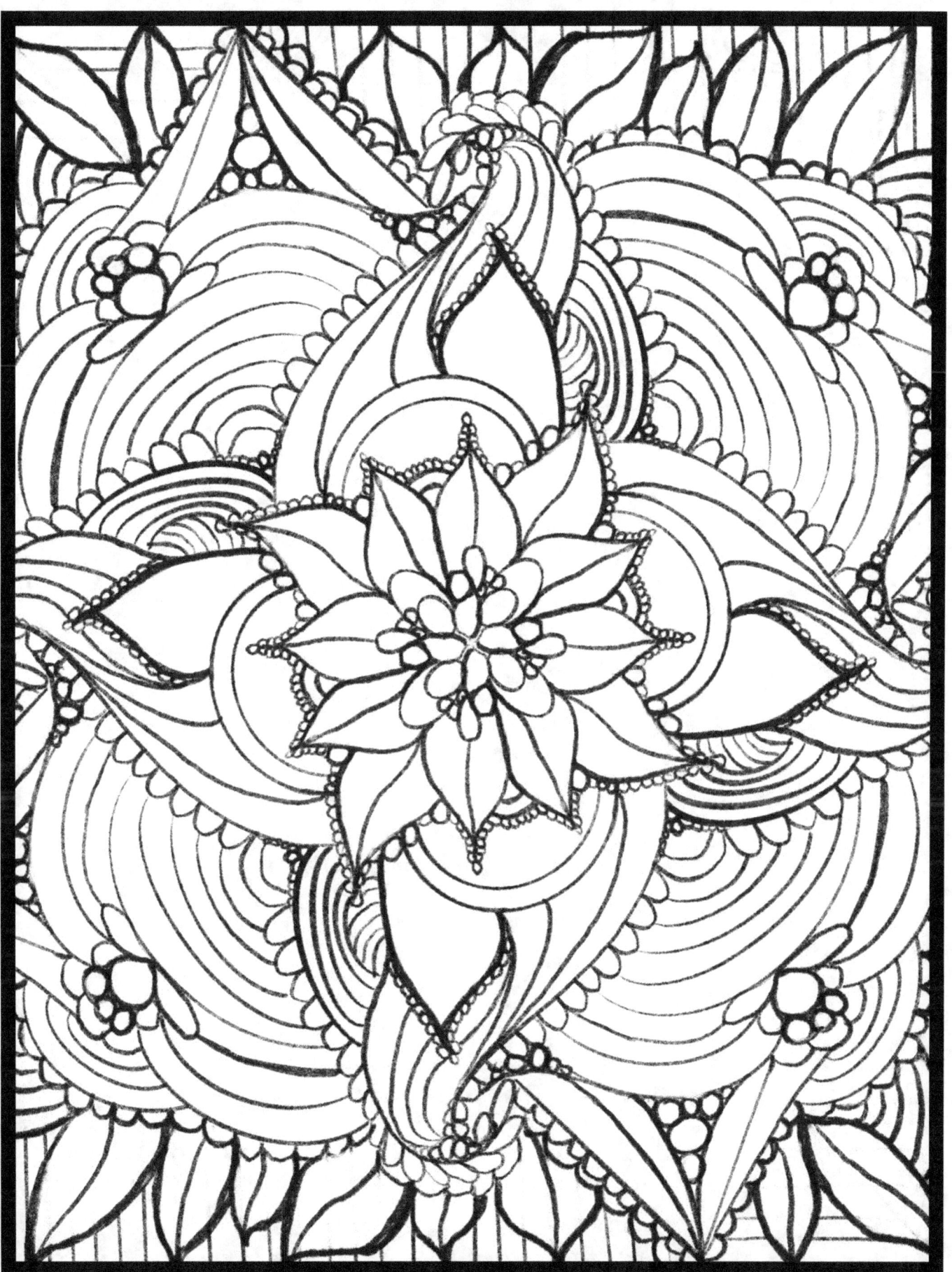

Thoughts...

- [ ]
- [ ]
- [ ]
- [ ]

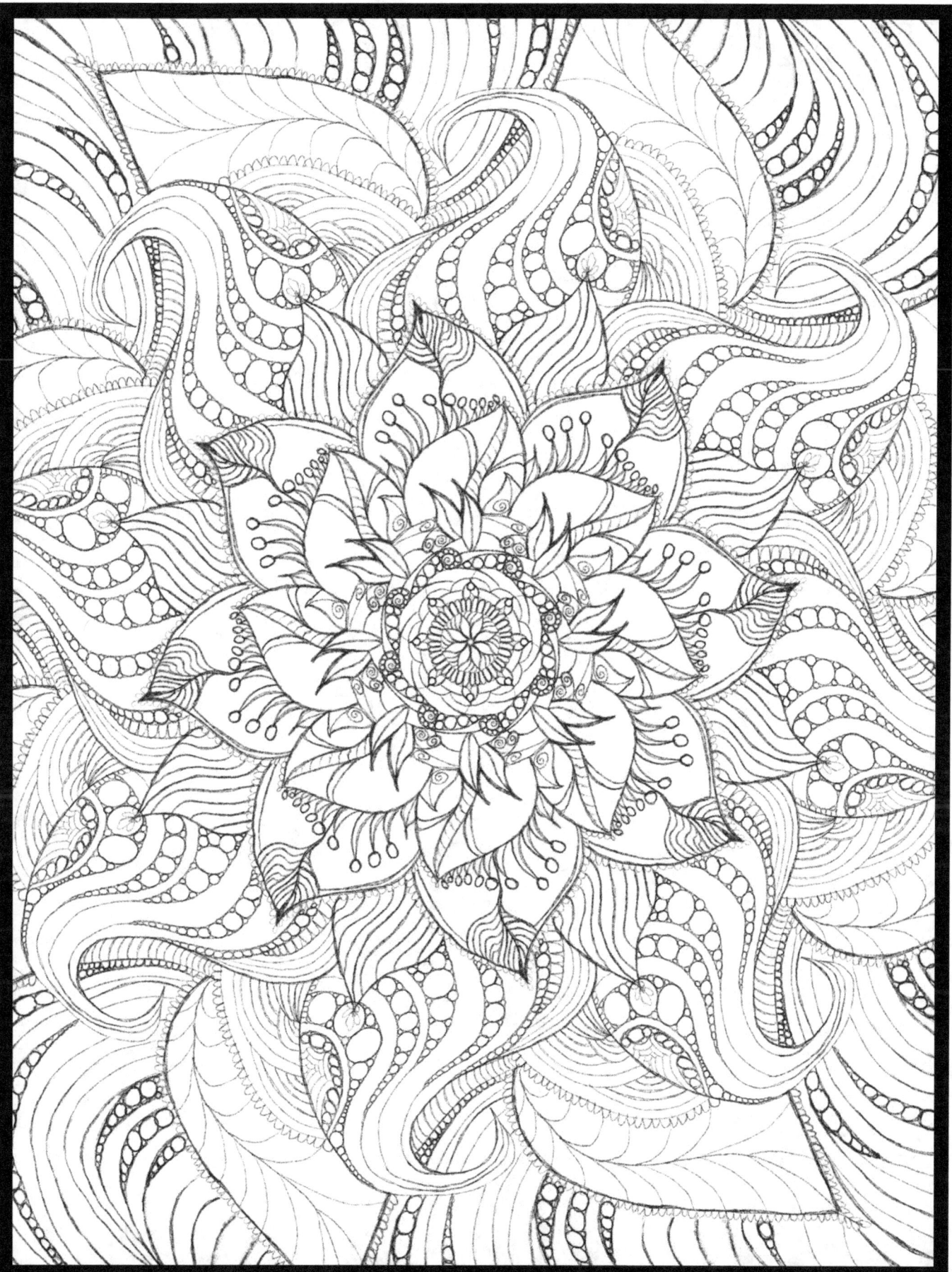

Thoughts...

☐
☐
☐
☐

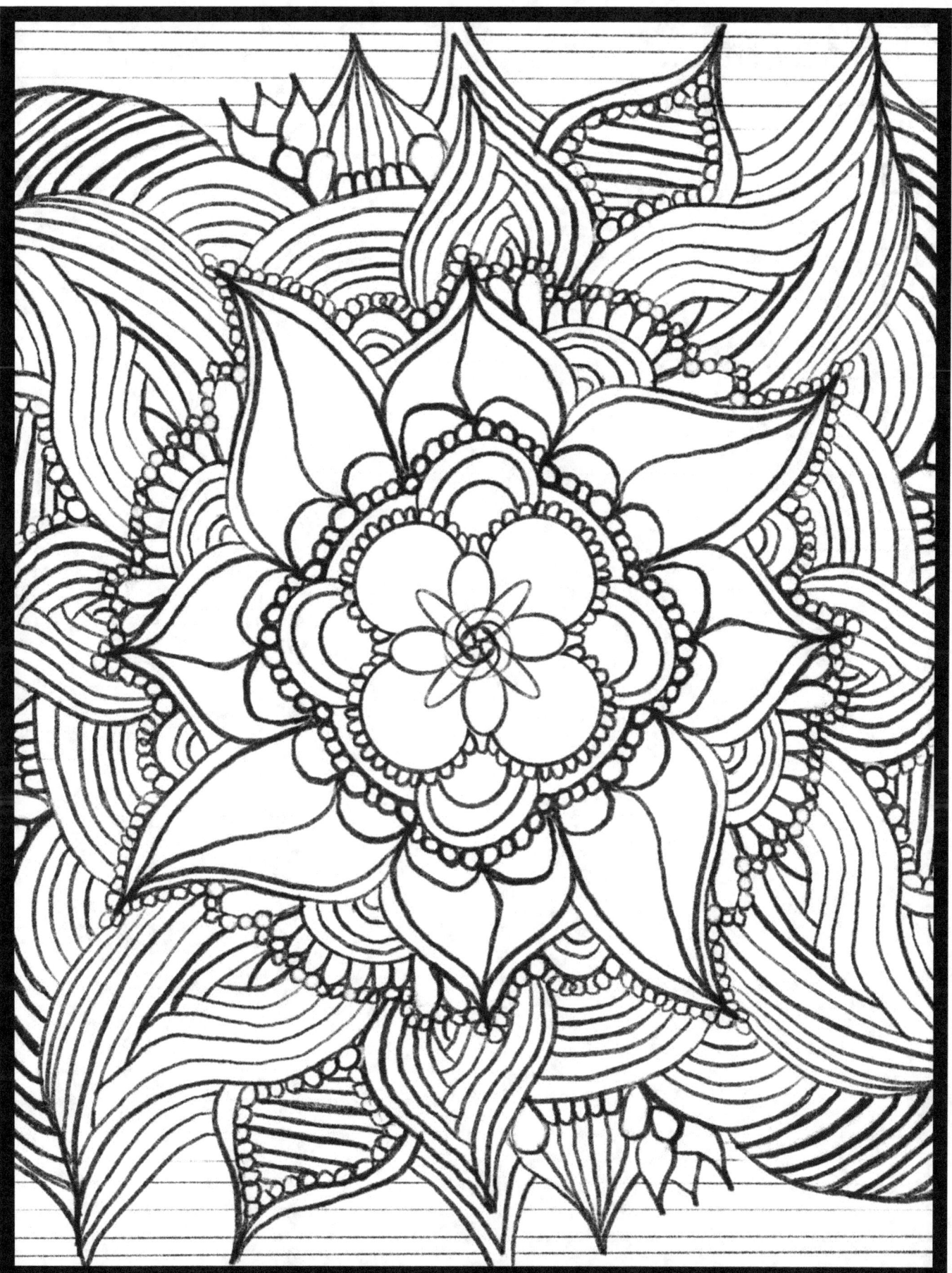

Thoughts...

- ☐
- ☐
- ☐
- ☐

www.ingramcontent.com/pod-product-compliance
Lightning Source LLC
Chambersburg PA
CBHW081659220526
45466CB00009B/2816